1989년, 독일의 베를린 장벽이 무너졌어.
하지만 세상의 모든 장벽이 사라진 건 아니야.
때로는 전쟁이 벌어지기도 했지.
벽을 허물고 평화를 지키려는 사람들의 노력 역시 끊이지 않아.

나의 첫 세계사 20

함께 살아가는
현대 세계

박혜정 글 | 지우 그림

우리나라는 아시아 동쪽 끝에 있는 한반도와 주변 섬으로 이루어져 있어.

나라 이름은 **대한민국**이고, 한반도 남쪽에 위치해 있지.

대한민국이 첫발을 뗀 것은 1948년이야.

오늘날 한반도 북쪽에는 북한이 있어.

북한의 정식 이름은 **조선 민주주의 인민 공화국**이야.

조선 민주주의 인민 공화국이 처음 시작된 것도 1948년이지.

한반도는 한때 일본의 지배를 받다가 독립을 이루었어.

하지만 얼마 뒤에 둘로 갈라지게 되었지.

이런 일은 우리나라에서만 벌어졌던 게 아니야.

저 멀리 유럽에서도 비슷한 일이 있었어.

유럽 대륙에 크게 자리 잡은 나라 중에 독일이 있어.
독일이 둘로 나뉜 것은 1949년이야.
우리나라가 남북으로 나뉘었다면, 독일은 동서로 갈라졌어.
동쪽에는 **동독**(독일 민주 공화국)이 세워졌고,
서쪽에는 **서독**(독일 연방 공화국)이 들어섰지.
나라만 둘로 나뉜 게 아니야.
독일에 있는 베를린이라는 도시도 동서로 갈라졌어.

49

처음에는 동베를린과 서베를린 사이에 낮은 철조망만 놓여 있었는데
얼마 뒤에는 벽돌담이 생겼고, 그다음에는 콘크리트 벽이 세워졌어.
베를린의 동쪽과 서쪽을 가로막은 이 담벼락을 **베를린 장벽**이라고 해.
한반도나 독일이 반으로 나뉘게 된 데는 미국과 소련의 영향이 컸어.
한쪽은 미국이, 또 다른 쪽은 소련이 도와주겠다며 나섰다가
한 나라가 둘로 완전히 쪼개져 버렸던 거야.

서독은 금세 잘사는 나라가 되었어.
서독 사람들이 열심히 일하기도 했지만, 미국의 도움을 받으며
프랑스나 영국 같은 서유럽 나라들과도 힘을 합쳤거든.

동독의 사정은 그다지 좋지 않았어.
동독을 이끌던 공산당*은 사람들이 모두 평등하게 사는
사회주의 국가를 만들고 싶었지.
하지만 공산당의 지배와 감시가 점점 심해졌어.
자유를 찾아 동독을 탈출하려는 사람들까지 생겨났지.

● **공산당** 재산이나 생산 수단을 모두가 똑같이 나누어 갖자고 주장하는 정치 집단.

동독을 벗어나 서독으로 향하는 사람들은 계속 늘어났고,
동독에 남아 있는 사람들도 가만히 있지 않았어.

"우리를 동독에 가두지 마라. 자유롭게 여행할 수 있는 권리를 달라!"
"마음껏 말하고 표현할 수 있는 자유를 달라!"

동독 사람들이 벌이는 시위는 걷잡을 수 없이 번져 나갔어.

어느 날은 7만 명이 모이더니 급기야 30만 명이 넘는 사람들이 모였지 뭐야.
사람들은 한곳을 향해 몰려갔어. 바로, 베를린 장벽이었지.
그러고는 장벽을 부수기 시작했는데, 정말로 장벽이 무너지고 말았어!
동독 사람들과 서독 사람들이 서로 손을 맞잡고 부둥켜안았지.
나라가 분단된 지 40년이 지난 1989년에 벌어진 일이었어.

베를린 장벽이 무너진 그다음 해에 독일은 통일을 이루었어.
편을 갈라 싸우던 미국과 소련이 더 이상 경쟁하지 않게 된 것도 이 무렵이야.
동유럽의 여러 나라에도 민주주의 정부가 세워졌어.

1949

하지만 여전히 공산당의 힘이 센 나라들도 있었지.
중국에서는 공산당이 **중화 인민 공화국**이라는 나라를 세웠어.
이때가 1949년이었지. 맞아, 독일이 동독과 서독으로 나뉘던 때에
중국에서는 새로운 나라가 들어섰던 거야. 이 무렵의 중국으로 가 보자.

그 당시 중국에서는 전쟁이 벌어지고 있었어.

중국에 어떤 나라를 세울까 경쟁하던 국민당과 공산당 사이에 일어난 전쟁이었지.

전쟁에서 이긴 쪽은 공산당이야. 공산당이 거대한 중국 땅을 차지했고,

국민당은 바다 건너 타이완섬으로 쫓겨 가야 했어.

중화 인민 공화국의 첫 번째 지도자는 **마오쩌둥**이야.

마오쩌둥은 중국의 모든 사람이 평등하게 잘사는 나라를 만들고 싶었어.

중국의 너른 땅을 농민들에게 고루 나누어 주었지.

땅을 많이 갖고 있던 부자들은 마오쩌둥과 공산당을 싫어했지만,

가난한 농민들은 공산당을 반가워했어.

마오쩌둥은 중국이 더 발전하기를 바랐어.

"같은 사회주의 나라지만 소련과는 거리를 두겠소.
미국이나 영국처럼 경제가 발달한 나라를 따라잡아야 하오."

그러려면 중국 사람들이 더 열심히 일해야 한다고 생각했지.

뚝딱뚝딱, 열심히 농사를 짓자!

농부들은 농작물을 더 촘촘히 심고, 땅에 더 많은 비료를 줬어.

곡식을 먹어 버리는 참새를 모두 잡아들이기도 했지.

철커덕철커덕, 더 많은 철을 만들자!

농기구나 밥 짓는 솥, 숟가락과 젓가락까지 녹여서 철을 만들었어.

하지만 그다지 효과는 없었어.

참새를 잡아들였더니 메뚜기 떼가 들끓었고, 힘들게 만든 철은 부러지기 일쑤였지.

심한 홍수가 나도 손쓰기 어려웠고, 굶어 죽는 사람들이 계속해서 늘어났어.

그러자 마오쩌둥을 탓하는 사람들이 생기기도 했지.

마오쩌둥도 가만히 있지는 않았어.
사회주의 국가를 만드는 일에 방해되는 것은 모두 막았고,
오래되어 낡은 것은 모조리 없애 버리자는 주장을 하기도 했지.
마오쩌둥을 따르는 사람들을 '홍위병'이라고 불렀는데,
홍위병은 중국 곳곳을 다니면서 사람들을 괴롭히고 못살게 굴었어.
마오쩌둥을 탓하는 사람들도 가만두지 않았지.

이 무렵 중국은 국경을 맞대고 있는 소련과 사이가 좋지 않았어. 미국과 신경전을 벌일 때도 많았지. 미국이나 소련 같은 강대국과 맞서기 위해 원자 폭탄이나 수소 폭탄을 만들었고, 인공위성을 쏘아 올리기도 했어. 중국은 땅도 넓고 인구도 많은 데다 군사력까지 강한 나라가 된 거야.

마오쩌둥의 뒤를 이은 사람은 **덩샤오핑**이야.
덩샤오핑은 중국이 더 크게 변화하기를 바랐어.

"사회주의만 고집할 필요가 없습니다.
외국의 사업가들이 자유롭게 활동할 수 있는 도시를 만듭시다."

덩샤오핑은 상하이나 광저우, 칭다오 같은 도시들을 발전시켰어.
높은 건물이 우뚝우뚝 솟았고 도시의 불빛은 번쩍였지.

중국에도 부유한 사람들이 생겨났어. 하지만 가난한 사람들은 여전히 가난했지. 공산당의 말만 들어야 하는 것도 답답했어. 중국 사람들은 수도 베이징에 있는 천안문 광장으로 모여들었고, 공산당에 맞서 시위를 벌이기 시작했어.
독일의 베를린 장벽이 무너진 1989년에 일어났던 일이야.

독일에서 그랬듯이 중국에서도 변화의 바람이 불었을까?
아니, 그렇지 않았어. 중국 공산당은 시위를 막는다면서 군대와 탱크를 보냈거든.
기나긴 탱크 행렬이 사람들을 가로막았고, 저항하는 사람들에게는 총을 겨누었지.
중국에서 벌어진 천안문 시위는 실패로 끝나고 말았어.

세계는 하나로 연결되어 함께 변하기도 하지만,
좀 더 특별한 일이 벌어지는 곳도 있기 마련이야.
한반도가 두 쪽으로 나뉘던 무렵, 그러니까 1948년에
아시아 서쪽 끝에서는 새로운 나라가 하나 세워졌어.
바로 **이스라엘**이야.

이스라엘을 세운 사람들은 유대인인데,
유대인은 유대교를 믿는 사람들이야. 유대교에서 신은 하느님뿐이지.
하느님의 아들인 예수를 믿고 따르는 크리스트교와도 달라.
유대인들은 예수가 신이라고 생각하지 않거든.
이스라엘이 세워지기 전까지 유대인들에게는 나라가 없었어.
거의 2000년 동안 나라 없이 흩어져 살아야 했지.
유대인들에게 무슨 일이 벌어졌던 걸까?

이야기는 먼 옛날로 거슬러 올라가.

2000년 전쯤 로마 제국이 지중해 주변을 다스리던 때였지.

지중해 근처 팔레스타인 지역에 살던 유대인들이 로마 군대에 쫓겨나게 되었어.

유대인들은 끝까지 맞서 싸웠지만, 로마 제국의 군대를 당해 낼 수는 없었지.

뿔뿔이 흩어진 유대인들은 유럽 이곳저곳에서 살아가기 시작했어.

또 얼마간의 시간이 흘렀어.

유럽에는 크리스트교를 믿는 사람들이 갈수록 많아졌지.

소곤소곤, 유대인들은 예수를 신으로 인정하지 않아.

수군수군, 먼 옛날 예수를 죽게 한 사람들도 유대인이었지.

종교도 다른 데다 생활 방식도 달라서

크리스트교를 믿는 사람들과 유대인들의 사이는 좋지 않았어.

유대인을 드러내어 싫어하고
못살게 굴기로 유명했던 사람이 있어.
바로, 독일의 **히틀러**야.
히틀러는 제2차 세계 대전을 일으키면서 한편으로는
유럽에 있는 유대인들을 모조리 없애겠다는 계획을 세웠어.
독일이 혼란스러운 이유를 모두 유대인 탓으로 돌리기도 했고,
뛰어난 독일 민족을 보호하기 위해 나쁜 유대인들을 없애자고도 했지.

하이 히틀러!

히틀러는 유대인들을 잡아 가두는 수용소를 유럽 곳곳에 짓고,
독가스를 뿜어내는 가스실로 유대인을 보냈어.
이때 정말로 많은 유대인이 죽었지.

살아남은 유대인들은 자기들의 나라를 만들고 싶었어.
먼 옛날 유대인들이 살았던 팔레스타인으로 돌아갈 계획을 세웠던 거지.
그리고 정말로 그곳에 새 나라를 만들었어. 맞아, 그 나라가 이스라엘이야.

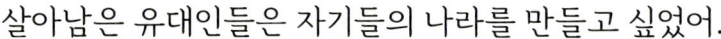

하지만 이런 상황이 아주 못마땅한 사람들도 있었어.
원래 그곳에 살고 있던 팔레스타인 사람들이었지.

"2000년 전에 살던 사람들이 갑자기 나타나서 자기네 땅이라고 우기다니!"
"이스라엘을 인정해 준 국제 연합의 결정도 따를 수 없어!"

1948년 5월 14일 이스라엘이 건국을 선포한 그다음 날,
팔레스타인 사람들이 이스라엘을 공격했어.
나라의 탄생과 함께 전쟁이 시작되었던 거야.

원래 팔레스타인에 살던 사람들은 아랍인이야.

아랍 사람들은 주로 이슬람교를 믿었어.

유대인과는 종교도 다르고 살아온 역사도 달랐지.

아랍 사람들은 연합군을 만들어서 이스라엘에 맞서기로 했어.

이렇게 시작된 아랍과 이스라엘의 전쟁은 25년 사이에 네 차례나 벌어졌어.

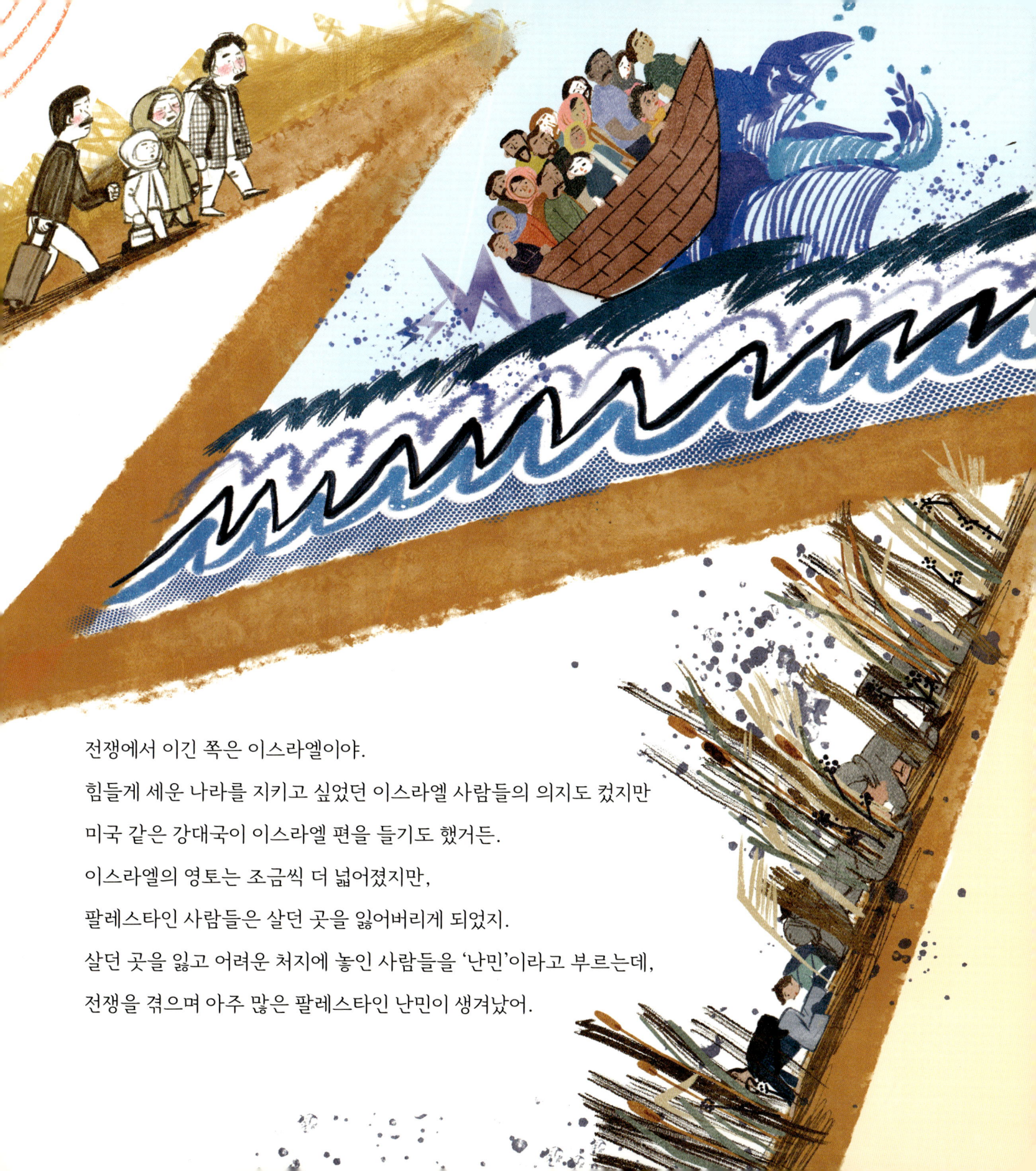

전쟁에서 이긴 쪽은 이스라엘이야.
힘들게 세운 나라를 지키고 싶었던 이스라엘 사람들의 의지도 컸지만
미국 같은 강대국이 이스라엘 편을 들기도 했거든.
이스라엘의 영토는 조금씩 더 넓어졌지만,
팔레스타인 사람들은 살던 곳을 잃어버리게 되었지.
살던 곳을 잃고 어려운 처지에 놓인 사람들을 '난민'이라고 부르는데,
전쟁을 겪으며 아주 많은 팔레스타인 난민이 생겨났어.

팔레스타인과 이스라엘의 문제는 지금까지도 계속되고 있지만,
서아시아 지역을 들썩이는 문제는 이뿐만이 아니었어.
아랍 나라들이 있는 이곳은 세계에서 가장 많은 석유가 생산되거든.
석유는 자동차와 비행기를 움직이게 하는 중요한 원료야.
에너지를 내거나 플라스틱 같은 물건을 만드는 데도 꼭 필요하지.

아랍 나라들이 힘을 모아서 "우리의 석유를 팔지 않겠소!"
이렇게 나온다면 큰일이 날 수도 있어. 그런데 정말로 그런 일이 생겼지 뭐야.
"이스라엘의 편을 든 나라에게는 석유를 팔지 않겠소!" 그러면서 아랍 나라들이
석유 생산을 줄였던 적이 있었거든. 석유가 부족해지자 석유 가격이 점점 올랐어.
석유를 많이 사용하던 여러 나라가 큰 충격을 받고 전 세계 경제가 혼란을 겪었지.

아랍 나라들은 석유 때문에 미국이나 소련의 간섭을 받을 때가 많았어.
강대국들은 계속해서 이스라엘 편을 들었고,
아랍 사람들을 차별하거나 이슬람교를 무시하는 사람들도 많았지.
화가 난 아랍 사람들은 무기를 사들여서
폭탄을 터트리고 총을 쏘아 대면서 불만을 드러내곤 했어.
폭력을 써서 상대편을 공포에 빠트리는 일을 '테러'라고 해.
뉴스에서 이 단어를 들어 본 적 있니?

특히 2001년 9월 11일, 미국 뉴욕에서 벌어진 테러는 전 세계를 충격에 빠트렸어.
항공기 두 대가 연달아 세계 무역 센터에 충돌하면서 쌍둥이 빌딩이 무너졌거든.
미국은 테러를 일으킨 사람들을 잡아들인다며
이라크나 아프가니스탄 같은 아랍 나라에 또 어마어마한 포탄을 떨어뜨렸지.
이 과정에서 테러와는 아무런 상관도 없는 평범한 사람들이 죽거나 다쳤어.

난민이나 테러 같은 문제가 남의 일만은 아니야.
난민이 된 사람들이 우리나라의 문을 두드리기도 하거든.
2018년에는 예멘 사람들이, 2021년에는 아프가니스탄 사람들이
난민이 되어 우리나라에 왔어. 북한을 탈출한 사람들이 우리나라에 오기도 하지.
난민을 두려워하거나 혼란을 걱정하는 사람들도 있지만,
어려움에 빠진 이들에게 도움의 손길을 내미는 사람들도 많아.

우리나라에서 살기 시작한 아프가니스탄 학생들은 우리와 같은 학교에서 공부하며 생활하고 있어. 함께 어울려 지내며 다양한 사람이 살아가는 넓은 세계에 대해 배워 나가고 있지. 다른 사람들을 있는 그대로 받아들이는 마음을 갖는다면 테러나 전쟁이 줄어들 수 있을 거야.

지구는 아주 많은 사람이 살아가는 곳이야.
우리 같은 인간만 있는 것도 아니지. 인간보다 더 오래전부터
이곳에서 살아온 다른 동물이나 식물은 또 얼마나 많은지 몰라.
하지만 사람들은 돈을 버는 일이나 경제를 발전시키는 일에만 신경 쓰느라
정말로 중요한 일이 무엇인지 잊을 때가 있어.
자원을 낭비하고 환경을 오염시켜서 지구를 살기 힘든 곳으로 만들고 있거든.

한 곳에서 생태계가 파괴되고 기상 이변이 벌어지면 다른 쪽도 영향을 받아.

바이러스를 통해 옮겨지는 전염병이 전 세계를 휩쓸고 지나가기도 하지.

이처럼 우리가 사는 세계는 하나로 연결되어 있어.

긴 시간 동안 써 내려온 역사를 앞으로도 잘 이어 가려면

무엇보다 세계가 평화롭고 지구가 건강해야 해.

우리가 할 수 있는 일은 무엇인지 함께 생각해 볼까?

나의 첫 역사 여행

역사를 기억하는 곳

9·11 추모관

2001년, 미국 뉴욕에서 벌어진 9·11 테러로 세계 무역 센터가 무너졌어. 이 사건으로 3000여 명의 사람들이 목숨을 잃었지. 납치된 항공기에 타고 있던 사람들과 건물에 있던 사람들뿐만 아니라, 사람들을 구하기 위해 건물 안으로 뛰어 들어간 많은 구조대원이 사망했어. 세계 무역 센터 건물이 무너진 자리에는 희생자들을 추모하기 위한 9·11 추모관이 들어섰지. 많은 사람에게 충격과 아픔을 준 사건을 오래 기억하고, 서로를 위로할 수 있도록 뜻깊은 공간을 만든 거야. 추모관에 있는 거대한 인공 폭포에는 끊임없이 물이 쏟아지고 있는데, 깊은 곳으로 떨어지는 물이 희생자 가족들의 깊은 슬픔을 보여 주는 것 같아. 폭포의 가장자리에는 희생자들의 이름이 새겨져 있어.

| 9·11 추모관의 인공 폭포 | 9·11 추모관 내부의 지하 홀 |

이스트 사이드 갤러리

독일의 도시 베를린을 동쪽과 서쪽으로 나누던 베를린 장벽이 1989년에 무너졌어. 그 이듬해인 1990년에 독일은 통일을 이루었지. 이후 세계 각국의 미술 작가들이 모여들어 슈프레 강변에 남아 있는 베를린 장벽에 그림을 그렸어. 평화와 화합을 표현한 그림부터 정치와 사회를 풍자하는 작품들까지 100여 개의 벽화가 그려졌지. 세계에서 가장 긴 야외 전시장이 된 이곳을 이스트 사이드 갤러리라고 해. 사람들의 자유로운 통행을 막고 나라의 분단을 상징하던 장벽이 이제는 자유와 평화를 상징하는 장소가 되었어.

이스트 사이드 갤러리의 벽화

야드 바셈

제2차 세계 대전이 벌어지던 때 나치 독일에 의해 많은 유대인이 학살되었어. 이 희생자들을 추모하기 위해 이스라엘 정부가 예루살렘에 지은 국립 기념관이 야드 바셈이야. 야드 바셈은 히브리어로 '이름을 기억하다'라는 뜻이라고 해. 희생자들을 기억하고 추모하는 일뿐만 아니라, 희생자들의 사진, 문서, 유물과 생존자의 증언 자료를 수집해서 이를 연구하려는 사람들에게 제공하는 일도 하고 있어. 위험을 무릅쓰고 유대인을 구했던 사람들을 위한 공간도 마련했지. 과거의 일을 잊지 않고 기억을 이어 가기 위한 노력은 계속되고 있어.

야드 바셈의 홀로코스트 박물관

희생자들의 사진이 전시된 '이름의 전당'

나의 첫 역사 클릭!

이스라엘과 팔레스타인의 갈등

제1차 세계 대전이 벌어지던 때, 영국은 유대인들에게 도움을 요청했어.
유대인들이 영국의 편이 되어 준다면 전쟁이 끝난 뒤,
팔레스타인 지역에 유대인 국가를 세우는 일을 돕겠다고 약속했지.
그런데 문제는 똑같은 약속을 팔레스타인에 살던 아랍 사람들에게도 했다는 거야.
당시 팔레스타인 지역을 다스리던 나라는 오스만 제국이었는데,
오스만 제국은 제1차 세계 대전에서 영국과 맞서 싸우는 나라 중 하나였지.
영국은 오스만 제국의 지배를 받던 아랍 사람들이 반란을 일으키길 바랐던 거야.
아랍 사람들은 약속대로 오스만 제국에 반란을 일으켰지만, 영국은 약속을 지키지 않았어.
이후 제2차 세계 대전 때 많은 유대인이 나치 독일에 의해 학살되었고,
살아남은 유대인들은 자기들의 나라를 만들기 위해 팔레스타인으로 향했지.
유대인은 미국의 지원을 받았고, 국제 연합도 유대인들에게 유리한 결정을 내렸어.

이스라엘 예루살렘 근처에 남아 있는 팔레스타인 수바 마을 유적

1948년, 유대인의 나라인 이스라엘이 팔레스타인 땅에서 건국되었어.
오랫동안 팔레스타인 땅에서 살아오던 아랍인들은 이 결정을 따를 수 없었지.
이스라엘이 건국된 다음 날부터 주변 아랍 국가들이 힘을 모아 이스라엘을 공격하면서
전쟁이 시작되었어. 이 전쟁을 아랍-이스라엘 전쟁, 또는 중동 전쟁이라고 불러.
중동 전쟁은 네 차례나 벌어졌어. 전쟁이 거듭될수록 이스라엘의 영토는 넓어졌고,
원래 팔레스타인에 살고 있던 아랍인들은 자기 땅에서 쫓겨나 난민이 되었지.

팔레스타인 해방 기구의 본부였던 이스라엘 예루살렘의 오리엔탈 하우스

1993년 오슬로 협정 당시 이스라엘 총리(왼쪽)와 팔레스타인 해방 기구 의장(오른쪽)의 모습

1964년, 팔레스타인 사람들은 팔레스타인 해방 기구(PLO)를 만들어서
이스라엘에 대항했어. 팔레스타인 자치 정부를 세우기도 했지.
1993년에 오슬로 협정이 맺어지면서 평화의 실마리를 찾기도 했지만,
생각처럼 쉽지는 않았어. 특히 '하마스'라는 팔레스타인 무장 단체가
팔레스타인 자치 구역인 가자 지구에서 권력을 잡고 더 많은 테러와 분쟁을 일으켰지.
그러다가 결국 2023년 10월, 하마스가 이스라엘을 공습했고 이에 맞서
이스라엘은 가자 지구를 무차별 공격했어. 둘의 갈등은 오래도록 계속되고 있단다.

글 박혜정

성균관대학교 역사교육과에서 공부했습니다. 중학교에서 역사를 가르치며 학생들과 세계사의 재미를 나누고 있습니다. 두 아이의 엄마로, 아이를 무릎에 앉혀 놓고 그림책을 읽어 주던 때가 인생에서 빛나던 시절 중 하나라 여기고 있습니다.

그림 지우

홍익대학교에서 판화를 전공하고 미술교육과 대학원을 졸업했습니다. 프리랜서 일러스트레이터로 활동하며 그림책을 만들고 있습니다. 쓰고 그린 책으로 《유치원엔 네가 가!》, 《때》, 《나는 한때》가 있고, 그린 책으로 《단톡방 귀신》, 《마음을 배달해 드립니다》, 《방송국에 간 도깨비》 등이 있습니다.

나의 첫 세계사 20 — 함께 살아가는 현대 세계

1판 1쇄 발행일 2024년 2월 13일

글 박혜정 | **그림** 지우 | **발행인** 김학원 | **편집** 박현혜 | **디자인** 박인규
저자·독자 서비스 humanist@humanistbooks.com | **용지** 화인페이퍼 | **인쇄** 삼조인쇄 | **제본** 다인바인텍
발행처 휴먼어린이 | **출판등록** 제313-2006-000161호(2006년 7월 31일) | **주소** (03991) 서울시 마포구 동교로23길 76(연남동)
전화 02-335-4422 | **팩스** 02-334-3427 | **홈페이지** www.humanistbooks.com
사진 출처 9·11 추모관 지하 홀 ⓒ Fletcher6 / Wikimedia Commons / CC BY-SA 4.0
야드 바셈 홀로코스트 박물관 ⓒ Hagai Agmon-Snir / Wikimedia Commons / CC BY-SA 4.0
수바 마을 유적 ⓒ Doron / Wikimedia Commons / CC BY-SA 3.0

글 ⓒ 박혜정, 2024 그림 ⓒ 지우, 2024
ISBN 978-89-6591-554-6 74900
ISBN 978-89-6591-460-0 74900(세트)

- 이 책은 저작권법에 따라 보호받는 저작물이므로 무단 전재와 무단 복제를 금합니다.
- 이 책의 전부 또는 일부를 이용하려면 반드시 저작권자와 휴먼어린이 출판사의 동의를 받아야 합니다.
- **사용연령 6세 이상** 종이에 베이거나 긁히지 않도록 조심하세요. 책 모서리가 날카로우니 던지거나 떨어뜨리지 마세요.